AF354773

Andreas Müller

Leere is Form
Form ist Leere

Das Herz-Sutra aus nondualer Sicht

Impressum

Bibliografische Information der Deutschen Nationalbibliothek: Die Deutsche Nationalbibliothek verzeichnet diese Publikation in der Deutschen Nationalbibliografie; detaillierte bibliografische Daten sind im Internet über www.dnb.de abrufbar.

Copyright: 2024 Andreas Müller

Covergestaltung: Vivien Thomas & Andreas Müller

Herstellung und Verlag:
BoD – Books on Demand, Norderstedt

ISBN: 9783759703668

Inhalt

Vorwort

„Das Herz-Sutra aus nondualer Sicht" entspricht eher einer Gegenüberstellung; einem scheinbaren Abgleich zweier leerer Nicht-Botschaften. Wer weiß schon, wie es damals gemeint war.

Das Herz-Sutra scheint aus (mindestens) zwei Ebenen zu bestehen: einer, in der die Umstände der „Unterweisung" geschildert werden – Menschen sitzen zusammen und reden miteinander – und einer Ebene, in dem die tatsächliche „Unterweisung" stattfindet.

Aufgrund dieses Eindruckes werden nur Teile kommentiert. Ich beschränke mich auf die reinen Unterweisungen.

Wovon hier berichtet wird – und bestenfalls auch in den Worten des Herz-Sutras – ist auf verblüffende Weise einfach. Das sogenannte Leben ist auf verblüffende Weise einfach.

Es ist auf verblüffende Weise einfach:

Das, was scheinbar passiert, ist es selbst – ein blinder Tanz, den zwar niemand erlebt, der aber doch alles ist.

„*Da ist niemand*"

Es gibt kein Ich.

Es gibt kein „Ding", keine Wesenheit, die irgendwo in unserem Körper sitzt. Weder in unserer Herzregion noch in unserem Gehirn noch sonst irgendwo in unserem Körper gibt es ein reales Zentrum. Das scheinbare Ich gibt sich viele Namen:

Ich, Präsenz, Bewusstsein, Gewahrsein, Geist, Individuum, Seele, Selbst, Selbst-Gewahrsein.

All diese Worte scheinen ein Erleben zu beschreiben, auf das sich die meisten Menschen berufen und um welches sich deren Leben zu drehen scheint.

„Ich brauche dies und das."

„Wenn ich dies und das hätte, wäre ich glücklich."

„Wenn mein Partner so und so wäre."

„Wenn ich so und so wäre".

„Wenn ich erleuchtet wäre."

So lebt dieses scheinbare Ich: In der Suche nach Höherem, Wahrerem, Erfüllenderem:

Nach mehr Macht, mehr Geld, mehr Sex, mehr Weisheit, mehr Klarheit, mehr Freiheit, mehr Liebe, wahlweise auch nach wahrer Liebe, wahrer Freiheit, wahrer Erleichterung, wahrem Reichtum. Alles soll wahr und echt sein – und alles soll vor allem „für mich" sein. Das bedeutet: Was auch immer ich „mehr" haben will, soll auch bewusst von mir erfahren werden können.

Dieses Ich – das Selbst, das anscheinend in unseren Körpern sein (Un-)Wesen treibt – existiert jedoch gar nicht. Es gibt diesen Geist, diese Seele, dieses Bewusstsein, nicht. Da ist niemand.

Befreiung ist das natürliche Ende dieses Ich-Erlebens. Sie ist das Verschmelzen dieser scheinbaren Wesenheit mit der Welt. Beide – Ich und Welt, Subjekt und Objekt – verschmelzen zum Unbekannten. Sie lösen sich auf in Nichts: In nichts, das bleibt und in nichts, das ist. Es entsteht auch nichts Neues dabei. An diesem scheinbaren Punkt setzt das Herz-Sutra an.

Das Herz-Sutra ist keine persönliche Botschaft, keine Belehrung, keine erlernte Weisheit. Es kommt, inwieweit es „meiner" Botschaft entspricht, aus dem direkten Wegfall der persönlichen Energie.

Diese Botschaft ist keine Folklore. Sie ist auch keine ferne Weisheit und auch nicht eine kryptische, von weisen Menschen gesprochene, niemals erreichbare Wahrheit.

Die natürliche Realität ist direkt und unkompliziert, weder nah noch fern: Sie ist genau das, was scheinbar passiert. Das, was scheinbar geschieht, ist weder geheimnisvoll noch weise. Es ist weder verborgen noch kann es von einem getrennten Standpunkt aus gesehen werden. Es ist weder erleuchtet noch nicht erleuchtet. Es ist weder klar noch unklar. Das, was scheinbar passiert, ist einfach es selbst.

„*Das Herz Sutra*"

„Form ist leer.
Leerheit ist Form.
Form ist nichts anderes als Leerheit.
Leerheit ist nichts anderes als Form.“

~

Dass du diese Zeilen liest, ist keine Erfahrung. Dass du diese Zeilen liest, ist eine unpersönliche Erscheinung, die niemandem geschieht. Das Lesen dieser Zeilen ist total, vollkommen, ungekannt und gleichzeitig leer und bedeutungslos.

Das Lesen dieser Zeilen ist die zeitlose und natürliche Realität, die einfach nur sie selbst ist. Das Lesen dieser Zeilen führt nirgendwo hin, da es bereits alles ist. Das Lesen dieser Zeilen weist nirgendwo hin; es möchte nichts mitteilen, hat keine Bedeutung und ist auch nicht Teil eines persönlichen Weges. Es gibt keine Erkenntnis darin und auch kein Fortkommen. Gleichzeitig gibt es kein darin Ruhen und keine Stille. Der/die Erfahrende ist geträumt. Es ist niemand da, der getrennt ist vom Lesen, von den Gedanken, den Gefühlen, vom eigenen Körper und von der Umgebung. Alles ist eine ungetrennte Erscheinung für niemanden.

Das ist es. Das ist alles. Das ist die natürliche Realität: Das, was scheinbar geschieht, was sowohl da ist als auch nicht da. Das Lesen dieser Zeilen ist die Form, die keinen Inhalt besitzt. Das Lesen dieser Zeilen ist leer und bleibt dabei doch das Lesen dieser Zeilen.

Das scheinbare Ich würde es lieben, Leere und Form getrennt betrachten zu können als wären sie zwei Aspekte einer einzigen, wahren Realität. Doch das ist unmöglich. Leere und Form sind keine zwei. Sie sind deckungsgleich. Sie sind beide total und heben sich doch gegenseitig auf. So gesehen sind sie nicht mal Eines – sie sind Keines.

Nichts existiert wirklich; wirklich gar nichts.

~

Nichts ist real. Nichts ist die Erfahrung eines realen Bewusstseins. Es ist dieses scheinbare Ich-bin-Bewusstsein, das allem das Gefühl der Existenz, das Gefühl eines 'Inhalts', anhängt. Aus dem persönlichen Erleben heraus fühlt es sich so als würde man in einer realen „substanziellen" Welt leben. Es fühlt sich so an, als wäre man selbst substanziell und als wäre das, was man erfährt, ebenso substanziell wie man selbst.

Es ist dieses Erleben, das geträumt ist. Es ist dieses Erleben, das nicht substanziell ist. Verpufft die Illusion dieses Erlebens, verpufft das Realitäts-Erleben an sich. Alles wird das, was es schon immer war: zeitlos leer.

Aber: Während sich alles als leer entpuppt – leer an Realität, leer an Ursache, leer an Essenz und leer an

Bewusstsein, bleibt alles doch genau das, was es ist. Gedanken sind Gedanken, Gefühle sind Gefühle, Bäume sind Bäume ... und so ist alles bereits leer. Die verzweifelte Suche der Ich-Illusion, einen Inhalt in der Welt zu finden, eine Essenz oder eben etwas "worum es wirklich geht im Leben" wird kaschiert durch die bloße Erfindung dessen. Es wird angenommen, dass das Leben einen Sinn hätte, dass man „nicht ohne Grund auf dieser Welt sei", es werden Werte und Ziele erfunden, eine tiefere Essenz vermutet oder einfach zu einem Gott gebetet. All dies geschieht nur, um der eigenen Existenz einen Wert zu geben. All das geschieht in der unbewussten Hoffnung, nicht in einer leeren und bedeutungslosen Erscheinung zu leben.

Es gehört zur scheinbaren Ich-Illusion, sich als getrennt und irgendwie als „zu viel" zu erleben. Während das ganze Universum in blinder Ignoranz vor sich hin zu expandieren scheint, fühlt sich das 'Ich' wie ausgeschlossen; als ob es irgendwie übrig wäre und einfach „auch noch da". Genau aus diesem Erleben entsteht der Eindruck, dass da (mindestens) zwei wären: Eine Welt und ich. Da dies ungenügend erscheint, taucht sofort die

Hoffnung auf diesen vermeintlichen Inhalt auf.

Auf die Frage, warum es sich denn überhaupt ungenügend anfühlt, gibt es leider keine Antwort, außer dass es das ist, was scheinbar passiert. Es ist das, was scheinbar passiert, dass zum scheinbaren Ich-Erleben das Gefühl des Unerfülltseins gehört. Auch wenn es sich aus der persönlichen Perspektive heraus so anfühlt, als ob es ein wirkliches Problem gäbe, so ist es doch einfach nur ein Eindruck, der zum scheinbaren Ich-Erleben gehört. Es gibt überhaupt kein Problem im Leben. Es gibt überhaupt niemanden, den das Leben erfüllen und glücklich machen müsste. Das Leben, bzw. die illusionäre Erfahrung eines Lebens mitsamt dem Eindruck, unerfüllt zu sein, wird niemals in einen erfüllten Zustand übertreten können.

Am Leben zu sein, ist bereits eine Erscheinung ohne Inhalt. Sie ist inhaltsleer, war inhaltsleer und wird immer inhaltsleer sein. Diese Leere ist die natürliche Realität. Sie ist inhaltsleer, weil sie alles ist.
Jede Annahme eines Inhalts ist geträumt, bzw. auch ohne Inhalt.

„Shariputra, auf diese Weise sind
alle Phänomene leer:
Sie haben keine Wesensmerkmale, sie sind ohne
Erzeugung und ohne Vergehen. Sie sind weder
befleckt noch unbefleckt, weder abnehmend noch
zunehmend."

~

Das, was scheinbar passiert, ist eine ungetrennte, scheinbare Erscheinung. Nichts lässt sich aus ihr heraustrennen, das real kennbar ist. Der Eindruck, in einer zersplitterten Subjekt-Objekt-Realität zu leben, gehört zum Eindruck, dass es einen winzigen Splitter namens 'Ich' gibt. Es ist dieser erste Splitter, der den Eindruck der Zersplitterung schafft. Gibt es mich, gibt es plötzlich auch viele andere Dinge, die getrennt von mir sind. Dinge scheinen getrennt, weil man sich ihrer gewahr wird: Plötzlich gibt es mich – und eine Erfahrung meiner selbst. Reines Gewahrsein sozusagen. Oder anders: Reines 'Ich bin'.

Wagt es dieses Gewahrsein nun, seine Fühler auszustrecken und die Aufmerksamkeit von sich weg zu lenken, erlebt es einen weiten Raum um sich herum. In diesem Moment sind aus dem scheinbar Einen – das Gewahrsein, das sich selbst erfährt („hier und jetzt") – Zwei geworden. Die Illusion einer Subjekt-Objekt-Realität ist geboren. Wobei man anmerken muss, dass schon die Erfahrung des einen Selbstes eine Subjekt-Objekt-Erfahrung ist. Witzigerweise scheint das reine Gewahrsein sowohl Ausgangspunkt (Subjekt) als auch Endpunkt (Objekt) seiner Erfahrung zu sein. Aus Einem werden also Zwei.

Aus diesen „Zwei" werden dann „Viele": Eine Welt, die ein Gewahrsein im Zentrum des Erlebens hat, um das alle anderen Objekte zu kreisen scheinen, je nachdem, wie sie ins Gewahrsein treten. Dann gibt es „mich und meine Gedanken", „mich und meine Gefühle", „mich und andere Menschen", „mich und die Situation", „mich und alles andere".

Jede mögliche Art sich und die Welt zu erfahren, ist eine Variation dieses Erlebens, egal ob es eine reine Selbst-Erfahrung ist oder ob das scheinbar ganz normale Leben mit Gedanken und Gefühlen erfahren wird. Auch macht es keinen realen Unterschied, ob Freude oder Schmerz, Trauer oder Wut erfahren werden. Aus der Sicht der scheinbaren Ich-Perspektive scheinen alles persönliche Erfahrungen zu sein.

Das, was scheinbar geschieht, geschieht weder „hier" noch „jetzt". Es geschieht überhaupt nicht in dem Sinn, dass es eine reales Geschehen ist. Die Erfahrung eines realen Geschehens gehört zur Illusion des Ich-Erlebens – auch hier: aus der persönlichen Perspektive heraus scheint es so, als ob 'jetzt gerade' und 'hier an diesem Ort' etwas Reales geschieht. Und so, wie sich das Ich als „geboren" erlebt, erlebt es auch die Dinge als „entstanden". Es ist dieses Erleben, das allem den Anschein gibt, zu existieren und dabei in Zeit und Raum zu „sein". Zum Empfinden des „Entstanden-seins" gehört auch das Empfinden des Werdens und Vergehens, des Kommens und Gehens. So gehören zum Ich-Erleben beide Aspekte: Auf der einen Seite ist da der Aspekt des Seins und des Statischen, auf der anderen Seite gibt es den Aspekt der Bewegung und des Prozesses. Daher finden sich in diversen spirituellen Traditionen diese beiden Aspekte.

So gibt es Traditionen, die von einer ewigen, unveränderlichen, statischen Wahrheit ausgehen – eine ewige Präsenz, eine unveränderliche Wahrheit, Gott oder das Absolute. Andere Traditionen hingegen pflegen die Vorstellung einer permanenten Veränderung. Interessanterweise enthalten beide Vorstellungen jeweils auch den Aspekt des Anderen: Auch eine ewige Präsenz geschieht „in Zeit" und wird in der Regel als Kontinuum begriffen, während in einer permanenten Veränderung auch das Unveränderliche steckt.

In der persönlichen Erfahrung schlägt sich das folgendermaßen nieder: „Ich, das Zentrum des Gewahrsein, bin das stille Zentrum des Erlebens, während alles was in meinen Gewahrseins-Feld erscheint, kommt und geht." Es gibt also „mich, während meine Gedanken kommen und gehen".

Ebenfalls zum persönlichen Erleben gehört das Erleben von richtig und falsch, von „sollte sein" und „sollte nicht sein", von „bringt mir Erfüllung" und

„raubt mir Erfüllung". Damit verbunden ist die Hoffnung, dass Erfüllung vermehrt oder vermindert werden kann.

Entpuppt sich dieses Erleben als inexistent, verpuffen alle Aspekte dieses Erlebens – einschließlich des Gefühls des Unerfülltseins und der Suche nach „mehr".

Was bleibt, ist es selbst. Was bleibt, ist das, was scheinbar passiert. Es ist unkennbar, da es unerfahren ist. Es ist zeitlos, raumlos, unteilbar, ohne Not und rein.

„Shariputra, deshalb gibt es in der Leerheit keine Form, keine Empfindung, keine Unterscheidung, keinen Gestaltenden Faktor, kein Bewusstsein, kein Auge, kein Ohr, keine Nase, keine Zunge, keinen Körper, keinen Geist, keine Form, keinen Klang, keinen Geruch, keinen Geschmack, kein Berührungsobjekt und kein Phänomen."

~

Nichts geschieht wirklich. Es gibt keine Erfahrung von Realität. Nichts, das beobachtet, erlebt, heraustrennt und einordnet. Es gibt kein Selbst, das gewahr ist. Das Selbst, das glaubt, sich selbst zu erfahren, ist eine Erscheinung. Es ist ohne Substanz und Wirklichkeit; und bleibt dabei doch das, was es scheinbar ist: Eine scheinbare Illusion.

Aber: Nicht das, was scheinbar passiert, ist eine Illusion. Es ist die Erfahrung dessen von einem getrennten Standpunkt aus, die ohne Substanz ist. Es gibt kein Bewusstsein, weil es unerfahren ist. Es gibt keine Welt, weil es keine Erfahrung derselben gibt. Es gibt niemanden, weil da niemand ist. Grundlos. Das, was scheinbar passiert, ist alles – ungemacht, ungeschöpft, niemals zu etwas Realem geworden.

Niemand weiß das, denn da ist niemand.

„Es gibt keinen Augenbereich, keinen Geistbereich, sowie keinen Bewusstseinsbereich. Es gibt auch keine Unwissenheit noch Aufhören der Unwissenheit, bis hin, dass es weder Alter und Tod, noch Aufhören von Alter und Tod gibt.“

~

Jegliche bewusste Erfahrung ist geträumt. Es gibt weder eine reale Erfahrung physischen Sehens – es gibt keinen Seher hinter den Augen – noch gibt es eine realen „Denker“ der Gedanken in uns. Es gibt auch keine feinstoffliche Wesenheit in uns.
Der Eindruck, ein unerfülltes Ich zu sein, ist geträumt. Daher wird es niemals möglich sein, das Ende dieses Eindruckes zu erleben.

Der ganze energetische Eindruck, dass da "etwas" ist, ist geträumt. Es gibt weder eine reale Erfahrung noch ein Energiefeld noch ein Bewusstsein noch eine Anwesenheits- oder Existenzerfahrung. Sie sind einfach nicht real da.

Die ganze Erzählung von Wissen und Nicht-Wissen sind Teil dieses Traumes. 'Da ist niemand' heißt, dass es keine reale Erfahrung gibt und daher auch kein Wissen (oder Nicht-Wissen) über diese Erfahrung. Nichts hat begonnen und nichts wird enden.

Da nichts geboren wurde, gibt es kein reales Altern, bzw. keine Erfahrung des Alterns. Dass 'etwas' passiert, dass es ein reales Geschehen gibt, das sich abspielt, ist Teil des Traumes. Dieses Erleben ist Teil der persönlichen Anwesenheit, die sich selbst als existierend erlebt. Da ist niemand.

„Ebenso gibt es auch kein Leid, keinen Ursprung, keine Beendigung, keinen Pfad, keine Ursprüngliche Weisheit, kein Erlangen und kein Nicht-Erlangen.“

~

Hier wird es natürlich spannend, denn nun kommen wir zu den Dingen, die das scheinbare Ich – die Sucher-Illusion – interessieren. Der Person ist es nämlich herzlich egal, ob die Welt real oder irreal ist, ob es nun ein Kommen und Gehen gibt oder nicht. Was es sucht, ist das Ende des Leidens – und zwar für sich selbst. Es möchte seine leidhafte Anwesenheits-Erfahrung eintauschen gegen eine erfüllte Anwesenheits-Erfahrung. Genau dabei sucht es: Was ist das Leid? Wo kommt es her? Wie kann ich es beenden? Was ist die Wahrheit?

All diese Fragen kommen aus und beziehen sich auf die Erfahrung, ein getrenntes Ich zu sein. Überraschenderweise ist es die Anwesenheits-Erfahrung selbst, die die Illusion des Leids – den scheinbaren Trennungsschmerz – hervorruft. Es waren weder die unbefriedigende Arbeitsstelle, das wenige Geld, die schwierige Partnerschaft, noch die Traumata aus der Kindheit, die diese Sehnsucht nach Ganzheit hervorriefen. Es ist das Anwesenheits-Gefühl selbst, das von einem mehr oder weniger feinen Trennungsschmerz begleitet wird. So dient die ganze persönliche Suche nur diesem einen Zweck: Auf diesen Trennungsschmerz eine Antwort zu finden. Indem das scheinbare Ich versucht, diesem Schmerz zu entkommen (oder eine Antwort auf ihn zu finden), bestätigt es erst diesen Schmerz in seiner Existenz, ganz so wie es auch sich selbst in seiner Existenz bestätigt.

Glücklicherweise ist das Ich-Erleben nicht real und auch dieser scheinbar tiefe Trennungsschmerz verfügt über keinerlei Substanz. Es ist ein Phantomschmerz.

Ich nenne es deshalb einen Phantomschmerz, weil der Schmerz zwar fühlbar scheint, aber dessen Ursache nicht existiert. Und so sind die vielen Gedanken und Gefühle, Handlungen und Nicht-Handlungen, die aus dem Ich-Erleben zu kommen scheinen, ohne reale Ursache. Denn auch hier gilt:

Es gibt niemanden. Und sowohl der Trennungsschmerz, die Sehnsucht, diesen Schmerz zu heilen und das Leiden darunter, es nicht zu schaffen, sind nicht in dem Sinne real, wie es innerhalb der scheinbaren Illusion erlebt wird.

Da dieses Leiden auf einer Illusion beruht, wird es auch kein Ende desselben geben, zumindest nicht so, wie es das scheinbare Ich vermutet. Das Ich vermutet das Ende des Leidens nämlich im Finden von einer Antwort darauf.

Diese Antwort gibt es nicht und wird es nie geben. Man kann einen illusionären Schmerz – den Schmerz des scheinbaren Getrenntseins – niemals real beantworten. Daher sind alle "Heilungen" nichts anderes als kleine Pflästerchen – ein gutes Gefühl hier, eine Einsicht dort und dazu noch gelegentliche Einheitserfahrungen.

Es wird diese Antwort nicht geben und in diesem Sinne auch keine Beendigung des Leids innerhalb des Ich-Erlebens.

„Deshalb, Shariputra, da es für die Bodhisattvas nichts zu erlangen gibt, stützen sie sich auf die Vollkommenheit der Weisheit und verweilen darin, und ihr Geist ist ohne Hindernisse und daher ohne Furcht.“

~

Alle Vorstellungen, die von einem „so ist es wirklich“ ausgehen, von einem großen Ganzen, einer alles umfassenden Realität, verpuffen ins Nichts. Was bleibt ist die Konzeptlosigkeit eines Baumes. Auch dessen Geist ist ohne Hindernisse und auch der ist ohne Furcht. Er ist einfach er selbst – ohne auch nur das geringste Interesse an sich selbst zu haben. Er hat nämlich überhaupt kein Selbst. Genau wie wir.

Die Realisation, von der hier gesprochen wird, ist gar keine. Dass das, was scheinbar passiert, real und irreal ist, dass es vollkommen ist, dass es „ungemacht“ ist, frei von Zeit, Raum, Sinn, Bedeutung und Intention, wird von niemandem realisiert. Es gibt niemanden, der sich darüber gewahr werden könnte und müsste. Das von der Ich-Illusion erhoffte „totale Gewahrwerden über die letztendliche Wahrheit" oder „endlich wissen, was hier eigentlich los ist" gibt es nicht. Es gibt weder denjenigen, der das könnte, noch gibt eine „letztendliche Wahrheit" oder „etwas, das wirklich los ist".

Das, was scheinbar passiert, kann und muss nicht realisiert werden. Scheinbar lebt sich das Leben selbst – ohne Grund und für niemanden. Was also ist, ist das blinde Leben selbst – scheinbar geht es voran, ohne dass jemals etwas passiert. Scheinbar ist da genau das, was zu geschehen scheint: Ob Tiefschlaf, das Wachsen der Bäume oder die Versöhnung nach dem letzten Beziehungsstreit. Alles ist absichtsloses und bedingungsloses Nicht-etwas; ein reales und irreales Erscheinen, das richtungslos es selbst ist.

Schlusswort

Es gibt keine Botschaft. Es gibt weder etwas zu erreichen noch gibt es etwas zu verlieren. Da ist niemand. 'Ich' ist nicht real – eine scheinbare Erscheinung. Niemand tut etwas.

Niemand ist unerfüllt. Niemand leidet. Niemand wird und muss persönliche Erfüllung erfahren. Niemand wird und muss diese Welt transzendieren und niemand wird sich in höheren Sphären wiederfinden.

Diese Welt ist die Hölle und diese Welt ist der Himmel. Und trotzdem existiert sie gar nicht. Sie existiert nicht so, wie sie scheinbar erfahren wird: eine reale, erfahrbare Welt für jemanden. Gibt es dafür eine andere Welt? Natürlich nicht! „Eine unerfahrene Welt" ist die natürliche Realität. Niemand wohnt in ihr. Niemand ist getrennt von ihr. Niemand beobachtet sie. Sie ist das, was scheinbar geschieht. Form ist leer und Leerheit ist Form.

Quelle

Das Herz-Sutra ist dem Internet entnommen:

https://www.tibethaus.com/fileadmin/user_upload
/Das_Herz_Sutra.pdf

Danksagungen

Vivien Thomas

Johannes Kelbert

Tony & Claire Parsons

Über den Autor

Andreas wurde 1979 in Ludwigsburg geboren. Nach einigen Jahren spiritueller Suche begegnete er 2009 Tony Parsons. „Zuerst war ich schockiert. Obwohl ich bereits viel wusste und viel erlebt hatte, war das etwas Neues und Unerwartetes. Plötzlich hörte ich, ohne Grund, was Tony sagte. Bald war es unbestreitbar:
Da ist niemand."

Seit 2011 hält Andreas Talks und Intensives auf der ganzen Welt.

www.thetimelesswonder.com